Songs Of Struggle

Lessons of Life

Piyush Jhawar

BookLeaf
Publishing
India | USA | UK

Made with ❤ on the BookLeaf Publishing Platform
www.bookleafpub.in
www.bookleafpub.com

Dedication

This anthology is dedicated to my father who saw my struggle but not my success!

Preface

The anthology is on several struggles that one faces in a lifetime. I have expressed my creativity in topics that I met with in my life and some suggested by friends and family. It is not just a sulk station but also a colorful rendition on how the world is perceived through the eyes of billions. Though, perspectives keep changing with time and experiences, here is a framework of what I and the people around me experienced after Covid-19. That was also the year my father passed away. In this book you will experience some of my greatest work so far. There are fragments of what I think of the world, what I feel, and a little bit about me and my personality.

Acknowledgements

I'd like to thank my family and my friends for being there for me on this miraculous journey! Above all I'd like to thank the people who believed in me and my work that gave me the confidence to take the next step!

1. Mrityudata

Mai he Rakshak
Mai he Bhakshak
Mai he Sarvanash hu,
Roop jo tu dekhe mera
Utna he mai khaas hu,
Kehne ko to mai he tera kal v tera aaj hu,
Aasma se dekhta mei urta hua baaz hu

Izzat jo dega usi k liye khaas hu,
Kari jo tunay cher chaar kaato ka mai taj hu,
Jaise tera hriday utna he mai tere paas hu,
Toonay tatola to mrityu ka aabhaas hu

Mila tha jo tujhse laga tha na charming?
Jo baatein kari thi lagi na jaise Darwin?
Sach keh laga tha na mai empowering?
Kal ko na kehna na di thi tujhe warning!

Dekh kya ho gaya h tera ye sansaar,
Vyakt na kare koi kisi ka bhi aabhar,

Karne ko to kar rahe h bus sabhi vyapaar,
Aur jo na kar saka to uski Lanka dhaar

Siyasat bhi meri,
Riyasast bhi meri,
Phir kaise rahegi himakat ye teri,
Jo tune kia h uska bhugtaan kar,
Na fark mujhe pare kisi kone mei sar,
Mai to na rukoonga tu jitna pao par,
Isse pehle mai phatu tu laut apne ghar

Mai aa raha hu
Mai aa raha hu
Mai aa raha hu tujhko lene,
Karmo ki saza tujhko dene,
Seedhi bhaasha mei kahu to teri vyarth jaan lene,
Lele aaj poora din sabse karle baat,
Aaunga mai tujhko leene theek aadhi raat!

2. Berozgaari

Bachpan mein mummy daddy poche kya karna hai,
Excited mai kehta mujhe toh pilot banna hai,
Bara hua toh sab gaye is bachpane ko bhool,
Kya fayda paiso se jebe he toh bharna hai

Mai college kar k nikla tha score solid eight,
Job karne ki taiyaari kari up till late,
Jab HR se hui meri lambi chauri baat,
Usne maari mere bum pe ek solid laat

Ghar laut k socha jaladu apni file
Per papa ne kaha "it's gonna take a little while,
Tumhe kya lagta ki success itni h aasaan,
Jaake dekho kya kare h kheto mein kisaan"

Jab ghar pe baat na bani
To Mai gaya Mumbai,
Rishtedaar bole ye step h bilkul sahi,
Station se nikalte he mujhe mila ek auto vala,
Usne meri soch ko poori tarah hila he dala,

Jab maine kari usse apni poori story share,
Laga vo hasne zor se, mai bola "how you dare?",
Vo bola "mai thodi apni bhi tumhe batata hu",
Mai bola uske muh pe ki mai sunna nahi chahta hu,
Socha maine galti kardi isse karke baat,
Behra Gaya mai jab vo bola

"I am a post graduate from art"

Dance bhi karta tha, gana bhi gata tha,
Apna talent bech k kamana bhi aata tha,
Itne me is sheher mein kaha chal pata tha,
Uspe se daddy ko uske attack bhi aata tha

Do saal se vo banda auto chala raha hai,
Na chahte huye bhi bus roti kama raha hai,
Chahe kuch bhi kehlo iske baare mein tum dosto,
Kam se kam vo apno mein to izzat kama raha h

Is sheher mein rehke chaar saal ghisa maine,
Two bhk flat se chaul mei laga mai rehne,
Ant mei mili mujhe salary itni kam,
Socha maine is jagah pe ghut raha hai dum,
Nikla mai us sheher se rehne laga keher mein,
Room lock karke baitha rehta mai is darr mein,
Ki koi na kehde mujhko ki mai hu failure,
Option na bache aur jaun sooli pe charr

Berozgaari is desh ki bimaari hai,
Sarkaar kya karegi jo ye kaam itna bhaari hai,
Abadi k naam pe ye karte na ghamand,
Aam aadmi ki life ho rahi h jhand

Ek din nikli mere dil se ye aawaaz,
Banna padega mujhko bhi thoda khaas,
Socha Maine vo karunga jo mujhko karna hai,
Finally bijli ka bill mujhko he to bharna hai

Kiye maine shortlist apne talent aur skills,
Interest bhi dekhe aur gaya up a hill,
Vaha jaake samjhi maine ek seedhi baat,
Jab likhta he reh gaya mai saari saari raat

Mujhe banna tha writer
I was getting wiser
I was seeing brighter
I came out as a fighter

Yaad rakhna zindagi mein u don't need advisory
Jo tumne khud ki strengths khud se he analyse kari,
Karo jo bhi karne kehta tumhara dil,
Phir bhi Bharna to padega ek din bijli ka bill,
Bhool jao race vace it is all a myth,
Khud pe he do dhyaan aur take a chill pill,

Jo chahte future bright,
Rakhna na bheja tight,
It's not that big a fight,
If you choose what is right,
Do what you love
And not what people say
Trust me on this one
It'll make your every day.

3. Kaisi Mohabbat?

Rota h dil mera
Jab sochu tere baare me,
Khota hu sukoon
Jab sunta tere baare me,
Na phone lagaye na phone uthaye
Jaane kis manzar pe chod dia,
Na milne aaye na ghar pe bulaye
Ab aisa maine kya kia,

Kaisi Mohabbat hai ye
Kaisi Mohabbat...

Mai jaanta hu tere ghar me koi mujhe pasand nahi karta,
Per tu bhi Jaan le in baato se mai nahi darta,
Phir aisa kyu lagta hai tune muh he mod lia,
Logo ki baato mein aake tune mujhko chodr dia,

Kaisi Mohabbat hai ye
kaisi Mohobbat...

Aisa lagta h tujhe yaad nahi maine tujhko kitna pyaar
dia,
Na din dekha na raat dikhi maine khud ko tujhpe vaar
dia,
Tu bhool gayi h jaana mujhe tujhko he tha paana,
Tere bin zindagi ka her mod lage begaana afsana,

Kaisi Mohabbat h ye
Kaisi Mohabbat!

4. Ghamand

Aao is shabd ka matlab tumhe batata hu!
Ise use karne ki sahi jagah sikhata hu!
Ye shabd bohot bhaari.
Kaate k jaise aari,
Pata bhi na chale k jaise slut in a sari!

Ek baar keh de toh hile ye dunia saari,
Sun k koi chup na baithe,
Wait for apni baari;
Jhuk k chalna he padega,
Kitne bhi tu karle kaand,
Unchi jo Kari aawaaz,
Jag kahega tujhko bhaand!

Angrezi mein kehte is shabd ko pride,
Kitaabo mein bhi dekho iske type hai very wide,
Jaha tujhe lage k tu hai sarv shaktimaan,
Vahi samjh le tujhme aa gaya hai abhiman

Jhooti teri ye shaan hai jhooti ye teri aatma,

Jhukega tu tabhi toh dega koi tera saath na,
Jaanna hai tujhko tere ander kitna hai ghamand?
To jhaank apne ander aur phir dena khudko he tu dand!

Jab dikhe koi aisa jo samjhe ki vo mahaan hai,
Samajh lena vo thuke hue paan ki dukaan hai,
Ye shabd uncha udne vaalo k liye raam baan hai,
Yaad rakhna sabse chota aasma mein chaand hai;
Jo leta tapte suraj ki garmi ko apne ander,
Jo ho Jaye displace to aa jayega bawander,
Ye dono apne apne mein kar sakte hai ghamand,
Aate hai samay se chahe garmi ho ya thand

Kahunga tumse mai ye ek nahi sau baar!
Na Banna kabhi bhi is shabd ka tum shikaar!
Jo ek baar tum gire toh much jaega hahakaar!
Chahoge phir bhi na karega koi tumhara satkaar!

Samjhe?????
Lagta h is shabd ka matlab tum samajh gaye ho,
Kya pata abhi bhi iske arth se tum sar rahe ho,
Baat ye maan lo seene se ye thaan lo!
Achcha hoga iska matlab jald he tum Jaan lo!

Karoge jo tum ahankar,
Vo ghar ho chahe rozgaar,
Karega koi to is shabd ka istemaal bar bar!

Mera gaana sunke ab tum bhi ho gaye taiyaar,
Ab Karo jo karna hai aar ya paar!

11

5. Paisa Kya Bolta Hai?!

Pyaar se kehte mujhe hari patti,
Haath aau tere toh gul tension ki batti,
Kaise mujhe paya matter nahi karta
Her koi mujhe apni jebo me bharta
Neta urate mujhe jaise main hu raddi
Jiske pass mai nahi vo chaddi phisuddi
Mujhe lekar her koi bhed bhaav karta
Kala ya safed fark nahi parta

Itna bhi aasan nahi hai mujhe paana
Paana hai mujhe to parega kuch na kuch khona
Lag jao kaam pe aur band karo rona
Karo din raat ek aur bhool jao sona
Duniya mein kuch bhi free nahi hai
Tabhi to kehte hai ki time money hai
Bus ek baat aur kehni zaruri hai
Money hai to honey hai

Kabhi ooper kabhi neeche
Kabhi aage kabhi peeche

Market na dekhna aankhein meeche meeche
Her koi mujhe apni ore he kheeche
Mai hu agar to tere chaawal me ghee che

Kehte hai iss duniya me sabhi hai barabar
Per jisne kari mehnat hai usi k haath power
Itna uncha udd jitna k hai Eiffel tower
Varna ho ja bhrasht aur dalva gale me flowers

Zamana badal gaya hai...
Chahiye ghar, gadi aur ek sundar si naari
Aaj to naari bhi padti hai her purush pe bhaari
Jitna bhi kamao kharcho tum aadha aadha
Per dhyaan rahe khaate me ho zarurat se zada
Jiske paas zyada usi ki baat mein dum
Jiske paas hai thoda sa vo chai pani kum
Jeb me hai paisa to rona dhona kaisa?
Itna kamao ki her din lage holiday jaisa.

Kismat se karle handshake
Everything'll be a piece of cake
By the time you will be awake
You will not have much to make
Stop pretending and being so fake
Just do it for your own sake
Raasta saaf h aage to dekh
Kar itna jitna ocean not a lake!

6. Nahi Jeena Mujhe!

Nahi jeena mujhe aisi zindagi
Jaha khwaab badalte hai,jazbaat badalte hai,
Rishtey badalte hai, haalat badalte hai

Aise jeene se achcha hai mai kahi dur chala jau,
Kahi dur jaake aise dost bana pau,
Jinhe meri cheezo se nahi bus mujhse pyaar ho,
Jo mere saath khade rahe chahe jeet ho ya haar ho

Gawara nahi mujhe ab aur dukh jhelna,
Chahta hu mai bus yaaro k sang khelna,
Dard kitna hai mujhme, bata nahi sakta,
Neend nahi aati raato mein mai jagta

Socha na tha mai ye keh bhi paunga,
Lagta tha samay k sang behta jaunga,
Per ye sab kar k bhi mai kya he paunga,
Is raah per chal kar bhi bus dukh he launga

Aisa lagta tha ki mai sab kuch kar dikhaunga,

Ek din saari duniya per cha jaunga,
Sab kuch hoga jeevan mei na hogi koi kami,
Hoga meri mutthi mein ye aasma aur ye zameen,
Per aisa kuch hua he nahi,
Nahi Jeena Aisi zindagi
Naui Jeena Aisi Zindagi

7. Maahi

Hasti khilkhilati jaise din ki roshni,
Dhoop ho agar zada bane chaav vo ghani,
Hasti khilkhilati jaise din ki roshni,
Dhoop ho agar zada bane chaav vo ghani!

Ab jeene ka zaria hai bus vahi ha bus vahi,
Hai pyaar ka vo daria hai bus vahi ha bus vahi,
Ab ye na janu mai kya hai ghalat aur kya sahi,
Bus jeena ek bhi pal uske bina hoga nahi

Saath ho iska to lagti nahi koi kami,
Chahu mai itna vo ban jaaye meri kabhi

Maahi...

Jidhar bhi tu rakhe kadam vaha ujala ho jaye,
Teri meethi baatein her kisi ko itni kyu bhae,
Tu itni pyari kyu her koi bus tujhe chahe,
Her chehre mein chehra bus ek tera nazar aaye

Ye vada raha banunga tera her janam,
Khud se bhi zada naaz ho aise ho mere karam,
Ab tu he mera maula aur tu he mera dharam,
Is baat ko kehne mein mujhe aaye na sharam!

8. Aawara

Awaara bann k ghoom raha mai is kadar,
Dekhta mujhe her koi mai jau jidhar,
Ab in logo ko chor, jau mai kidhar,
Mai ho chuka hu in baato se befikar

Yaari k naam pe maine kitno ko jhela,
Khada hu aaj mai bilkul akela,
Badle mei mila mujhe bus chhall,
Aur na jaane kitno mere dil se h khela!

Raato mei jaagta aur din ko mai sota raha,
Apne aane vaale kal ko mai khota raha,
Parwaah na ki maine apno ki,
Choor choor kar di maine ummeed unke sapno ki

Na zamaane ki parwaah na kisi ka darr,
Hey ooperwaale barsade koi aisa keher,
Itna tez jaise samunder ki oonchi leher,
Ya madad kar meri aur khatam kar ye peher

Ab bohot ho gaya is tarah jeena,
Ab khoon k ghoot mujhe aur nahi peena,
Rakhna hai apna sir garv se ooper,
Aur chalna hai taan k apna seena!

9. Bewafa?

Ek tootta sa tara bann k reh gaya
Andhera itna tha ki mai tham k reh gaya
Tu kisi aur ki ho chali thi maine jaana na tha
Jab jaana maine sach mai deewana ban gaya

Socha tha chalunga tere saath her kadam
Per thodi he door jaake toota mera brham
Tu bewafa na thi ye jaana maine der se
Lagaya tha dil tujhse na ki kisi gair se

Tere saath jo h vo bura nahi h
Lekin tere bin mera jeevan poora nahi h
Teri baato se lagta h ki tu khush nahi h
Ek baar phir soch le, kya vo tere liye sahi h?

Chahta to tha ki teri parchai me ghum ho jau
Bus itna sa khwaab h ki tujhse dur na ho jau
Tujhpe bharosa karke mai aage badr gaya
Ishara to deke dekh mai duniya se ladr gaya

Tu paas h mere per lagti bohot door h
Meri aankho me chaya ek tera he to noor h
Mai intezaar karoonga tera lekin ek had tak
Ye faisla hoga tera h tu de mere dil pe dastak

Ek tootta sa tara bann k reh gaya
Andhera itna tha ki mai tham k reh gaya

10. Aazadi

Haan mai bandha hua hu
In rishtey naato se
Haan bandha hua hu
Un kasme vaado se
Jo humein sikhae jaate hai
Jiske gaan hum sabhi gaate hai

Her kisi k apne hote hai tareeke,
Ek dooje k saamne vo par jaate h pheeke,
Banti unhi ki hai jo hota hai samaan,
Baaki sab maane jaate hai naadan

Per in tareeko se mujhe chahiye chutkara,
Jidhar bhi jau vaha lautu na dobara

Mujhe chahiye aazadi,
Na k waqt ki barbaadi,
Jaha bhi jau bus yahi dekhu,
Ki kam se kam ho aabadi

Ye duniya bohot badi hai,
Jo tez raftaar se chal padi hai,
Dheere dheere haule haule,
Naye zamane mei aa khadi hai

Dost hai yaar hai
Ghar hai parivaar hai
Phir bhi mujhe sukoon milta he nahi
Jaana to chahta hu mai bus vahi
Jaha anokhe phool khilte hai
Jaha dil se dil milte hai
Jaha ek hota hai sabka Mann
Jaha mile gul se gul
Aur chaman se chaman!

11. Situationship

Aaj hum saath h phir bhi saath nahi,
Tujhpe haq jatane ki meri aukaat nahi,
Bhool gaya tha ki ye bhi ek rishta hai,
Befizool ki hui koi baat nahi!

Sab kuch badal gaya hai,
Insaan bhi na jaane kis rah per chal gaya hai,
Dhoka to bohot he chota shabd hai ,
Na jaane aaya ye kaisa waqt hai

Ye vo duniya nahi jaha,
Hum aur tum ek dooje k bina reh nahi paate,
Jaha do dil ek jaan mei tabdeel ho jaate,
Jaha bus ek aawaz pe tum saamne aa jaate,
Jaha mujhe kuch ho jaye to tum ladkhadaate

Naa koi rishta na koi bandhan,
Na karte pyaar na milaate mann,
Bus chal rahe hai ek dooje k sang,
Kyuki dur ho jata h tera mera akelapan

Aaj tu hai kal tu nahi,
Tu nahi to koi aur sahi,
Ab to poori duniya yehi keh rahi,
Isme kya ghalat aur kya sahi

12. Akela

Mai akela hu

Mai ja raha uss ore jaha mujhe koi ant nazar nahi aata,
Chalne ko zameen, tairne ko samander aur, udne ko
aasma nazar he nahi aata,
Ek samay tha jab mai iss duniya ki asliyat ko dekhna
nahi chahta tha,
Ab Chaaro taraf andhera likha h mere liye mujhe kaha
pata tha,
Apno ne paraya kar dia jab unko parayo ne apna lia,
Parayo ne tab tak apna lia jab tak unke tareeko se chal
dia,
Kabhi kabhi to aisa lagta h ki mai unki rehem pe jee raha
tha,
Duniya to aisi he h janab unke Mann mei bhi chhall kaha
tha,
Beshak mai koshisho ki seemao ko laang chuka tha,
Lekin jab kismat he saath na de to aadam zaat bhi kya
ukhaad legi,
Sab ek jaise ho jaye to ek dooje se khushi kaha milegi,

Socho agar hum ek naav mei sawaar na hote aur leherein
humse muqabla naa karti,
To kya maza aata jab mil jaati humein vo dharti,
Jise paane ki talaash mei humne apno ko peeche chodr
dia,
Ajab si kismat k unn panno ko humne modr dia,
Jinhe khula he rakhte to Aaj apno ka saath hota,
Akelepann mei sisak sisak k koi na rota,
Bheed mei ghum hone k khwaaish pehle kisi ki na thi,
Saadgi se bhara jeevan yuhi guzar jaye ye,
Ye gunjaish na thi,
Ab yaha se kaha jaye hum,
Wajuud na hone se ghut raha h kitno dum,
Kab hoga sangharsh ka ye adhyaay khatam,
Kitna aur sehen karenge hum?

13. Bhakti

Meri khushi teri khushiyo mein chupi hui hai,
Mere jeevan ki dor tujhse he guthi hui hai,
Mere chehre pe hasi tabhi aayegi,
Jab tere sar se gham ki dhoop chali jayegi,

Tere chehre ki ek muskurahat k liye,
Maine kitno k dard dur hai kiye,
Jab jo kia, kia bus tere he liye,
Abhi bhi jalata hu tere naam k diye

Tu hai jaise baarish ki boonde chehere pe gire,
Jaise nanha sa bachcha pehli baar hase,
Tera hasna jaise suraj ki pehli kiran,
Jise dekh k bhar jaaye sabhi ka mann!

Tere saath mai chal dunga duniya k kisi bhi kone mein,
Agar koi dukh hoga to vo hoga tujhe khone mein,

Arsa beet jaata hai, tera intezaar karte karte,
Tu aaye ya na aaye, sabhi naam tera japte,

Ek tu he h is duniya mei jo mere ghar nahi aata,
Manunga teri her baat ye h mera vada

Tu jo karta hai vo teri niyati hai,
Ab maangu kya tujhse meri vinati hai,
Aaja mujhse milne, bus ek baar,
Tujhse milne k liye mai marne ko bhi hu taiyaar,
Teri rah taake baithe rehte,
Mangal se leke Somvaar,
Ab aur na hota hai mujhse intezaar

Kar dia hai apna poora samay tere naam,
Chor di hai laalach band kar diye ghalat kaam!
Aaja mere dwar pe chaahe subah ya shaam,
Jab tak tu na mile mai nahi karunga aaram!

14. Khauf!

Ye gana usse sunana jiska mann mei baitha ho darr,
Bohot ho gaya chupe rehna ab usse jaake lar

Bus ho gaya tera khauf ab meri baari hai,
Harane ki tujhko kari poori taiyaari hai,
Aaya bada sabko dene wala dhaus,
Kha jaunga tukho jaise tomato sauce

Poora din nikal jaata tha tere darr mei,
Ghabra k rehne laga tha khudke he ghar mei

Ab tere bachne ki koi ummeed nahi,
Ab hoga tere saath ghalat aur mere saath sahi,
Ye baat maine poore hosho aawaaz mei kahi,
Chorunga mai tujhko kahika nahi

Tune uchaali hai jo meri izzat,
Dekhna loonga badla karke tujhe he beizzat,
Ab baith uske aage aur ye maang usse,
Ki is janam mei tu mil na jaye mujhse

Aaj tak kisi ne mujhe bura nahi kaha,
Kyuki kisi ka itna raub maine nahi saha,
Ab bus ho gaya tera khauf ab meri baari hai,
Haraane ki tujhko meri poori tyaiyaari hai!

15. Phir Vahi Aadat

Aaj maine phir vahi aadat shuru kardi,
Ab kaise mai karu kisi se bayaan,
Mujhe laga tha ye kissa ab khatam ho gaya,
Aur maine apni saaso ki chabi bhar di,

Phir vahi aadat laut k aayi hai,
Is baar kuch alag rang laayi hai,
Aisa lagta hai ki peeche kua aur aage khaayi hai,
Aaj phir vahi aadat laut k aayi hai

Jab choda tha ise laga ab dobara nahi,
Zindagi mein sab kuch lagne laga tha sahi,
Haa darr to tha ki isme kho na jau phirse,
Per itni jaldi lautegi ye socha he nahi

Bus ho gaya ab aur nahi karna,
Pata hai parega iska hisaab bharna,
Iss buri aadat se parega mujhe larna,
Varna...

16. Manzil

Chal raha hu mai os raah per,
Manzil se bilkul mai bekhabar,
Aane wala kal,
Hoga toh mushkil,
Phir bhi chal raha,
Teri ore bar raha

Sapne sajaaye pal mei bhulaaye,
Dil k jo armaan thay beh gaye,
In cheezo mei kuch na rakha hai,
Ye to bare buzurg bhi keh gaye!

Socha tha per chal mai para,
Apno se he jhagar mai para,
Tujhe paane ki khaatir mai kitno se lara,
Jisse bharta gaya mere paap ka ghara

Raahein na thi na koi humsafar,
Dhoondta raha tujhe besabar
Aaj jaake tu mil gayi hai,

Dil mei jaise koi kali khil gayi hai,
Mann mei chehek honi thi itni,
Doobte suraj ki gehrai jitni

Lekin

Sab paane k baad bhi hua kya?
Ye lamha bus itna samajha gaya,
Ki Manzil se zada ye safar hai zaroori,
Sab paa lia phir bhi kahaani hai adhoori,
Khwaaishein to kabhi bhi hongi na poori,
Aur barti jayegi khud se he doori

To jo pal aaj jee rahe ho poora usse jeelo,
Choti choti khushiyo se apni kahaani see lo,
Aur dheere dheere chalna jaye na poori duniya hil,
Jo paane ko daud gaye tum apni Manzil!

17. Sheher

Nirmaan k naam pe
Logo ko dia bech,
Ooche ooche daam pe,
Dheele huye pech!

Thak thak thak kare subah se shaam,
Pal bhar bhi na mila mujhe aaram,
So jaata hu laga k sir pe alarm,
Kyuki kal uthke phirse karna hai kaam

Atka hu mai kyuki laga hai jaam,
Ek km me dopahar se shaam,
Pareshaan ho gai hai poori aavam,
Uske beech mei thulla pooche tera kya naam

Email ka zamana hai khat ka nahi,
Milta na reply to hota dimaag ka dahi

Baith k sochne ka waqt nahi hai,
Chahe jo bhi bolo insaan sakht nahi hai

Chal rahi hai zindagi poori raftaar se,
Koi two wheeler se to koi nikle car se,
Biwi ne pooch lia to 'choote karobar se,
Haan baby bolte hue nikale hai ye bar se

Sutta kya peena yaha saari hawa dhua hai,
Iss dhue ne sabhi k phephdo ko chua hai,
Ye hai karmo ki saza na k kisi ki baddua hai,
Phir kyu bole "iss sheher ko ye kya hua hai?"

18. Chalchitr

Aao kuch der k liye phir kho jaate hai,
Chalo aaj koi chalchitr dekh aate hai,
Kitne kirdaar aneko zindagania,
Inhi mei dhoonde hum apni kahania

Bachpann mei to lagta sab kuch achcha hai,
Bare huye toh samajh aaya, kathanak thora kachcha hai,
Hazaaro ki mehnat lagi hai isme,
Tabhi to kuch bole,Jo bhi hai achcha hai

Ho kaala aur safed to bhi ye bhaye,
Ab rango mei dhala ye jaadu kar jaye,
Jeevan ki kitni saari isme shailiya,
Suljha de ye kitno k mann ki pahelia

Sangeet ka adhyatmik pradarshan,
Chaayaankan mei mila adbhut nirdeshan,
Mann bhar deta hai iska her kshan,
Kabhi ye de aasu toh kabhi de uttejan

Sabhi iski ore khiche chale jaate hai,
Karte rehte bus isi ki baatein hai,
Jabse bara hai iska rujhaan,
Bohoto ne kholi iski dukaan,

Kyuki milti isse hamesha ek he seekh hai,
Chhall aur kapat k aage sach ki he Jeet hai,
Ye mai nahi kehta ye to duniya ki reet hai,
Gaata her koi isi k geet hai!

19. Yaadein

Ye kahani un puraani yaado ki nahi,
Ye kahani hai nayi yaadein banane ki,
Sach hai ye koi jaadu nahi,
Ye baate hai her zamaane ki

Aane wala safar abhi bhi baaki hai,
Guzra hua waqt na kisi k liye kaafi hai,
Galtiya to hongi tu chalta reh befikar,
Parwah na kar kyuki bhool chook ki mafi hai!

Hum aksar bhool jaate hai
Ki samay rukta he nahi,
Ab toh karm karte karte bhi,
Insaan thakta he nahi,
Lekin ek pal peeche dekhne ko,
Kar nahi lagta,
Phir khushnuma yaadein banane se,
Kyu hai tu darta?

Mai ye nahi keh raha ki tu un yaado ko khoj,

Jiska abhi tak leke chal raha hai tu bojh,
Chor de jo ghalat hua jeevan mei peeche!
Ab thoda aane vaale kal ki bhi soch

Vo yaadein jo tere aane vaale kal mei fasi hui hai,
Unme itni kahania basi hui hai,
Jod vo pal jo khushiyo se sawaare,
Isse pehle ki vo lamhe bhi bikhar jaye saare

Ab sab kuch tere he haato mei hai
Aane vaali kai mulaakato mei hai
Kuch khatti kuch meethi see baato mei hai
Aage banne vaali yaado mei hai

Tabhi to kehta hu

Ye kahani un puraani yaado ki nahi,
Ye kahani hai nayi yaadein banane ki,
Sach hai ye koi jaadu nahi,
Ye baate hai her zamaane ki

20. Agyaat

Aaj kuch dost baith k shatranj khel rahe thay
Dil kia mai bhi unke sang khelu
Kitaabi gyaan to mujhe bhi tha
Socha pehli baar jokhim lelu

Aaj asliyat jaani,
Apni haisiyat pehchaani,
Jab saat chaal mei kha gaya mai,
Apne mitr ki rani

Jaanta hu mujhme hai kai huner,
Jo dikhaadu to jaaye kai baadhaaye ujjar,
Dekhna to chahta hu saato samunder,
Per ek jhijhak si hai mere ander,

Darr lagta hai un logo ki baato se,
Jo bhejte hai dhamkiya kaagzaato pe,
K vo na karde mujhpe vaar,
Jo mai lagana chahu apni naiya paar,

Phir bhi aaj apni duniya banane se darta hu,
Befizool he apne mann me vehem paale rakhta hu,
Apna haq paane, kisi se na larta hu,
Ye jaante huye bhi ki mai kuch bhi kar sakta hu

Chhall kapat ki nahi hai aadat mujhe,
Aise baatein to bus khayaalo mei soojhe,
Aaj bhi apni maa ko pooje,
Tabhi to duniyadaari se jhoonje

Kehne ko to mai bohot he sachcha hu,
Per dimaag se mai abhi bhi bachcha hu,
Tabhi to maze se kehte hai mere dost,
Aaj bhi mai is sansaar mei agyaat he achcha hu!

21. Pitrchaaya

Hey Paramaatma! Ye kaisi teri maya?
Kyu cheena tune mere ooper se pita ka saaya?
Kya maanga aisa tujhse jo tu poora na kar paaya?
Phir kyu palat di tune mere jeevan ki kaya?

Dekh aaj humaari haalat kya ho gai,
Maa meri rote rote he so gai,
Unhe pata tha jeevan to hai he anuchit,
Lekin itni jaldi le jayega unko socha he nahi

Aisi kaisi mrityu jo koi kandha na de paaye,
Bina sab ko khabar kiye shav unka le jaaye,
Kya bus asthiyo ko bahaane ka intezar tha?
Kya tera hona na hona hum sab k liye bekaar tha?

Chaar saal beet gaye aaj bhi mujhe yaad hai,
Kitno ke ghar ujde aur kitno k barbaad hai

Ab koi na kehta mujhse ki vo mere paas hai,
Per phir bhi lagi rehti unse milne ki he aas hai

Jo vo thay toh her koi apna sa lagta tha,
Kuch bhi paana sapna na lagta tha,
Aaj to apne bhi paraayo jaisa bartaav karte hai,
Aur gairo ki toh bus kishte hum bharte hai

Aana aur jaana toh is sansaar ka niyam hai,
Ab humaare liye iss baat ka bhaar bohot kam hai,
Jo kisi ko khota hai usi ko pata hota hai,
Kaise parta hai bitana jeevan ka her shram hai

Her raat k baad suraj nikal he aata hai,
Per yaha toh suraj bhi humse naaraz baitha hai,
Aaj bhi meri neend poori nahi hoti,
Kyuki pata hai meri maa chain se nahi soti

Hey Paramaatma! Ye kaisi teri maya?
Ye to Aaj bhi humein samajh na aaya,
Kyu palat di tune humaare jeevan ki kaya,
Jab cheen lee tune humse humaari Pitrchaya!

9 789369 533701